Título original: I LOVE YOU MADLY

Publicado originalmente en Gran Bretaña por Helen Exley Giftbooks, 16 Chalk Hill, Watford, Herts, WD 19 4BG
www.helenexleygifbooks.com

Editado por Harlequin Ibérica, S. A.
Hermosilla, 21
28001 Madrid
España

ISBN: 978-84-671-5209-8

Impreso en China

Te quiero con locura

accuarel™

Vagaba perdida en el ayer,
con ansias de volar
y miedo a intentarlo.
Luego alguien como tú
me encontró.
Y de pronto,
ya nada es lo mismo.

Leslie Bricusse

Te amo como hay que amar:
desmesuradamente, hasta el punto
de la locura y la desesperación.
Hay dos cosas
que nunca han de ser mediocres:
la poesía y el amor…
Considérame una criatura
afligida por una enfermedad fatal...

JULIE DE L'ESPINASSE
(1732-1776)

Te veo sólo a ti,
pienso sólo en ti,
te toco sólo a ti,
te deseo,
te respiro,
te sueño;
en una palabra,
¡te amo!

JULIETTE DROUET
(1806-1883)

Haces que me alegre de estar vivo.

STUART Y LINDA MACFARLANE

¡Estoy loco, estoy fuera de mí!
Ya no sé lo que hago.
No puedo pensar en nada.
¡Qué mujer!
Sarah… Sarah…
¿Cuándo te volveré a ver?
Lloro, tiemblo, enloquezco,
¡te quiero, Sarah!

PIERRE LOÜYS

Has intensificado los colores,
enaltecido la belleza
de todas las cosas,
ahondado todo deleite.
Te quiero más que a la vida,
preciosa mía, mi maravilla.

SIR ALFRED DUFF COOPER (1890-1954),
A SU FUTURA ESPOSA, DIANA

Tu risa, mujer,
es la música de la fuente
de la vida.

RABINDRANATH TAGORE
(1861-1941)

Tus palabras me son
tan necesarias
como el aire y la luz
del sol…
Tus palabras son
mi alimento.
Tu aliento, mi vino.
Lo eres todo para mí.

SARAH BERNHARDT
(1844-1923)

Todos estos años he hallado
placer en mil cosas.
Ahora, tú las has abierto de nuevo para mí:
las veo a través de tus ojos
y a través de los míos,
las oigo con una nueva intensidad.
El escenario brilla,
la danza es más mágica,
los árboles, el mar, las montañas
han cobrado nueva vida.

CHARLOTTE GRAY, N. 1937

Te amo…
como el rocío ama a las flores;
como las olas del mar a la brisa;
como los pájaros al sol.

MARK TWAIN (1835-1910)

Te quiero, amor mío.
No conozco otro modo de decirlo,
salvo esas viejas palabras
gastadas por el tiempo.
Pero así es. Y siempre será así.
Nada puede cambiarlo, ni
la guerra, ni las inundaciones, ni el fuego.
Siempre serás parte de mí,
como yo lo seré de ti.
Te quiero, amor mío, te quiero,
te quiero.

ANNA BEADLE,
A SU MARIDO, CLINTON

...Y haré para
ti lechos de rosas
y mil fragantes
ramilletes.

CHRISTOPHER MARLOWE
(1564-1593),
DE EL PASTOR APASIONADO A SU AMOR

No sabía que pudiera sentir
este milagro.
No sabía que el amor
pudiera ser así.

LESLIE BRICUSSE

Tu corazón es un manantial inagotable.
Dejas que me sacie en él.
Me inunda, me penetra, me ahoga.

GUSTAVE FLAUBERT (1821-1880),
A LOUISE COLET

He puesto el corazón y la cabeza
en el umbral de mi amada.
¡Pisa con cuidado, niña!

CANCIÓN DE AMOR TURCOMANA

Casi he perdido la razón,
tanto como pueda uno perderla
no soy capaz de hilvanar dos ideas
sin que te interpongas
entre ellas.
Ya no puedo pensar en nada
más que en ti.

STUART Y LINDA MACFARLANE

Te amo con el alma y con el cuerpo,
decorosa e indecorosamente,
de todas las formas en que pueda
amarse a una mujer.

GEORGE BERNARD SHAW
(1856-1950),
A ELLEN TERRY

pensamientos
indecorosos...

...Te quiero como a las
cosas más sencillas y necesarias
de un día cualquiera,
a la luz del sol y a la de las velas...
...Te quiero con mi aliento,
con mis sonrisas y con mis lágrimas,
¡con mi vida entera!

ELIZABETH BARRETT BROWNING
(1806-1861)

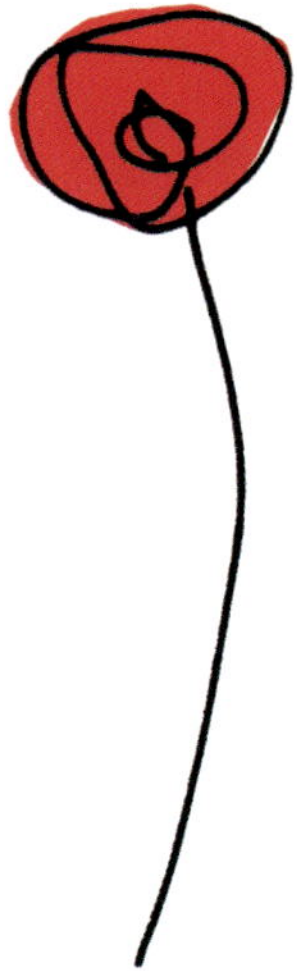

Cuando te mande
una rosa roja, roja
(la más dulce flor que crece
en esta tierra),
piensa, amor mío,
cuánto te amo...

FRIEDRICH RÜCKERT

He aquí frutas, flores,
hojas y ramas.
Y he aquí mi corazón,
que late sólo por ti.

PAUL VERLAINE (1844-1896)

Me siento tonto y feliz en cuanto
me permito pensar en ti.
Giro en el torbellino de un ensueño
delicioso, en el que en un instante vivo
mil años. ¡Qué situación tan horrible!
Hallarse vencido por el amor,
enamorado con cada fibra del ser,
vivir sólo para el amor,
y verse consumido
por las penas y atrapado
en mil hilos de araña.

HONORÉ DE BALZAC (1799-1850),
A SU FUTURA ESPOSA, EVELINA

Por ti vuelan y danzan mis pies,
por ti mi corazón late,
por ti ven mis ojos y piensa mi razón.
Y por ti amo.

CANCIÓN DE AMOR ESQUIMAL
ANÓNIMO

Te quiero tal
como eres.
Quiéreme a mí
del mismo modo.

PAM BROWN, N.1928

...Llegaste tú
y el sol vino a tu zaga,
el verde se cubrió de oro,
la risa iluminó los lirios
y llena de amor se agitó
la reina de los prados.

ALGERNON CHARLES SWINBURNE
(1837-1909),
DE *INTERLUDIO*

De nada disfruto sin ti.

Eres el prisma a través del que se me aparecen el brillo del sol, el verde paisaje, la vida misma…

Necesito tus besos en los labios, tu cariño en el alma.

JULIETTE DROUET (1806-1883), ACTRIZ FRANCESA, A VICTOR HUGO

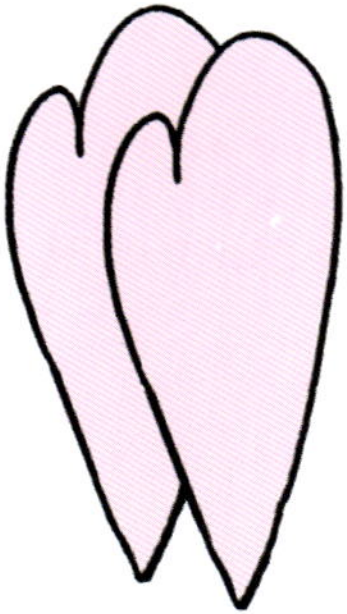

Te quiero, mi dulce amada,
por tu bella forma,
por el arte que creas en el lienzo,
en la rima y en la cama.
Pero sobre todo porque
el uno en el corazón del otro ve
y allí descifra sus secretos
y pone su fe.
Y porque allí el tiempo no es nada.

TOM GRATH, N. 1940, DE *RAZONES*

Un sinfín de insectos hay
que de la mañana a la noche
su amor con ruido cantan.
Pero ninguno de sus anhelos
es tan hondo como la
callada pasión de la luciérnaga,
que hace su cuerpo arder.
Así es mi amor.

CANCIÓN TRADICIONAL JAPONESA

Entró en mi vida tan suavemente,
con tanta naturalidad,
como la masa en su molde.
Como la miel en su tarro.
Como el agua más clara
calando en la arena.

JUSTINE SYDNEY

Necesito tu amor como piedra
de toque de mi existencia.
Es el sol que
me insufla la vida.

JULIETTE DROUET (1806-1883),
ACTRIZ FRANCESA, A VICTOR HUGO

«MI BIEN AMADA ES MÍA Y YO SOY SUYO.»

El amor era su sala de banquetes,
era su vino y su enseña,
su encanto y su desmayo.
Era el tesoro del uno
y el consuelo de la otra.
Era su abrazo y su descanso.
El amor le hacía verla.
El amor la enviaba
tras su rastro.

JOHN WINTHROP (1588-1649)

Te quiero, no por tu espíritu noble y tu grandeza, ni a pesar de tu egoísmo, sino sólo porque sí, y porque eres tú: para mí, el sol, la luna y las estrellas hasta el fin de los tiempos.

ELINOR GLYN (1864-1942)

Eres todo cuanto necesito.
Eres el sol, el aire que respiro.
sin ti, la vida no sería la misma.
No te vayas nunca, te lo ruego.
Y, si te vas, no olvides
llevarme contigo.

BASIA

Nuestro amor no es un amor corriente.
Tiene una historia
que abarca un millón de años.
Tiene un futuro sin límites.
Tiene fuerza y sabiduría.
Hay en él consuelo y comprensión.
crecimiento y aprendizaje.
Nuestro amor no está limitado por el tiempo,
por el espacio ni por los fracasos terrenales.

LINDA MACFARLANE, N.1953

Te querré cuando baile, cuando cante, cuando lea, cuando actúe, cuando haga planes y cuando discuta. Te querré cuando esté cansado y enfadado, cuando me sienta valiente y asustado, alegre, triunfante y temeroso. Te querré haga el tiempo que haga y cambie lo que cambie.

PAM BROWN, N.1928

La historia de un amor
no importa.
Lo que importa
es que uno es capaz de amar.
Es quizás el único atisbo
que se nos concede
de la eternidad.

HELEN HAYES (1900-1993)

Te querré hasta que
doblen el océano
y lo tiendan a secar
y las siete estrellas graznen
como gansos en el cielo.

W. H. AUDEN (1907-1973),
DE *MIENTRAS PASEABA UNA TARDE*

Lo único que tengo es tu amor.
Lo tengo todo.

STUART Y LINDA MACFARLANE

Helen Exley dirige su propia editorial, cuyos libros regalo, vendidos en más de setenta países, abarcan un sinfín de acontecimientos y emociones de la vida cotidiana. En su afán por publicar un libro que sirviera para decir sencillamente "Lo siento", Helen usó las deliciosas ilustraciones de Caroline Gardner como inspiración para crear una serie de ingeniosos y refinados libros entre los que se incluyen: *Lo siento, ¡Adelante!, Te quiero con locura* y *Esas pequeñas cosas...*

Caroline Gardner produce desde 1993 material de papelería bellamente decorado desde sus oficinas londinenses, situadas frente al Támesis, y desde hace cinco años viene desarrollando sus característicos diseños de "geniecillos". Este libro incluye asimismo varias ilustraciones creadas especialmente por la artista y diseñadora independiente Liz Smith.

Helen Exley Giftbooks
16, Chalk Hill, Watford, WD19 4BG, Reino Unido.
www.helenexleygiftbooks.com